글 이사벨 토머스
인물, 과학, 자연 분야의 어린이 책 작가이자 편집자예요. 지금까지 140종이 넘는
어린이 책을 출간했으며 영국 왕립학회 아동 청소년 도서상, 블루 피터 북 어워즈,
ASE 올해의 책 등에 최종 후보로 올랐어요.

그림 달리아 아딜론
스페인 바르셀로나에서 태어났으며, 영국 브리스틀에 살고 있는 일러스트레이터예요.
바르셀로나 대학에서 미술을, 마사나 예술 학교에서 일러스트를 공부했어요.

옮김 서남희
서강대에서 역사와 영문학을, 대학원에서 서양사를 공부했어요. 지은 책으로 《그림책과
작가 이야기》 시리즈가 있고, 《모자를 보았어》, 《세계사 박물관》, 《구텐베르크 책 이야기》,
《어린이로 사는 건 너무 힘들어!》 등 많은 책을 우리말로 옮겼어요.

감수 장조원 (한국항공대 항공운항학과 교수)
공군사관학교 항공우주공학과를 졸업하고 서울대에서 석사 학위를, KAIST에서
항공우주공학 박사 학위를 받았어요. 현재 한국항공운항학회 부회장,
한국항공우주산학위원회 공기역학분과 위원장 등으로 활발히 활동 중이에요.
지은 책으로 《비행의 시대》, 《하늘에 도전한다》 등이 있어요.

Dear People
디어 피플

어밀리아 에어하트

Dear People 디어 피플 시리즈는 역사에 이름을 남긴 위대한 사람들의
삶을 새롭게 살펴보고, 그들의 생각을 가까이 엿볼 수 있는 인물 시리즈입니다.

AMELIA EARHART
어밀리아 에어하트

초판 1쇄 발행 2019년 2월 18일 | 초판 3쇄 발행 2020년 10월 12일
글 이사벨 토머스 | 그림 달리아 아딜론 | 옮김 서남희 | 감수 장조원
발행인 이재진 | 도서개발실장 조현경 | 편집장 안경숙 | 편집 김선현
디자인 권석연 | 마케팅 이현은, 정지운, 양윤석, 김미정 | 제작 신홍섭 | 국제업무 남단미
펴낸곳 (주)웅진씽크빅 | 주소 경기도 파주시 회동길 20 (우)10881
주문전화 02)3670-1191, 031)956-7325, 7065 | 팩스 031)949-0817 | 내용문의 031)956-7403
홈페이지 wjbooks.co.kr/WJBooks/Junior | 블로그 wj_junior.blog.me
페이스북 facebook.com/wjbook | 트위터 @wjbooks | 인스타그램 @woongjin_junior
출판신고 1980년 3월 29일 제406-2007-00046호 | 제조국 대한민국
원제 LITTLE GUIDES TO GREAT LIVES: AMELIA EARHART
한국어판 출판권 ⓒ웅진씽크빅, 2019
ISBN 978-89-01-22967-6 978-89-01-22842-6(세트) 74990

LITTLE GUIDES TO GREAT LIVES: AMELIA EARHART
written by Isabel Thomas, illustrations by Dàlia Adillon
Illustrations ⓒ 2018 Dàlia Adillon.
The original edition of this book was designed, produced
and published in 2018 by Laurence King Publishing Ltd.,
London under the title *Little Guides to Great Lives: Amelia Earhart*.
All rights reserved.
This Korean edition was published by Woongjin Think Big Co., Ltd.
in 2019 by arrangement with Laurence King Publishing Ltd.,
London through KCC(Korea Copyright Center Inc.), Seoul.

웅진주니어는 (주)웅진씽크빅의 유아·아동·청소년 도서 브랜드입니다.
이 책은 (주)한국저작권센터(KCC)를 통한 저작권사와의 독점계약으로 (주)웅진씽크빅에서 출간되었습니다.
저작권법에 의해 한국 내에서 보호를 받는 저작물이므로 무단전재와 복제를 금합니다.
이 책 내용의 전부 또는 일부를 이용하려면 반드시 저작권사와 (주)웅진씽크빅의 서면 동의를 받아야 합니다.

잘못 만들어진 책은 바꾸어 드립니다.
⚠ 1. 책 모서리가 날카로워 다칠 수 있으니 사람을 향해 던지거나 떨어뜨리지 마십시오.
  2. 보관 시 직사광선이나 습기 찬 곳은 피해 주십시오.

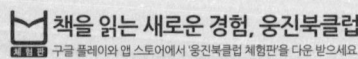
책을 읽는 새로운 경험, 웅진북클럽
구글 플레이와 앱 스토어에서 '웅진북클럽 체험판'을 다운 받으세요.

AMELIA EARHART
어밀리아 에어하트

글 이사벨 토머스 ● 그림 달리아 아딜론
옮김 서남희 ● 감수 장조원

웅진주니어

어밀리아는 미국의 슈퍼스타 가운데 한 사람이었어요.
환호하는 군중들에게 둘러싸였고, 신문마다 첫 페이지를 장식했으며,
패션 브랜드까지 만들 정도였답니다.

어밀리아는 정치가*도, 유명한 영화배우도, 가수도 아니었어요.
어밀리아는…… 비행사*였답니다!

어밀리아는 육지와 바다를 가로지르는 대담한 비행을 했어요.
세계 최고의 여성 비행사는 아니었지만, 분명 가장 유명한 비행사였지요.

그런데 어느 날, 어밀리아는 태평양 위를 비행하다가 사라졌어요.
80년이 넘는 시간이 흘렀지만, 실종 이유는 여전히 수수께끼로 남아 있어요.

어밀리아의 이야기는 미국 캔자스주의 작은 마을에서 시작돼요.

어린 시절 어밀리아네 가족은 아주 화목했어요. 어머니 에이미는 딸들에게 신나는 이야기들을 읽어 주었어요. 아버지 에드윈은 딸들과 함께 낚시와 공놀이를 했지요.

에이미 오티스 에어하트
(어머니)

에드윈 스탠턴 에어하트
(아버지)

어밀리아 메리 에어하트
애칭은 '밀리'
1897년 7월 24일 출생

그레이스 뮤리엘 에어하트
애칭은 '피지'
(여동생)

어밀리아네 가족은 야외에서 여기저기 돌아다니며 모험하는 것을
무척 좋아했어요. 어밀리아는 일곱 살 때 롤러코스터를 직접 디자인해서
정원에 만들어 놓기도 했답니다.

어밀리아는 세상이 흥미진진하게 바뀌던 1900년대 초반에 어린 시절을 보냈어요. 이때 비행기가 발명되었지요!

어밀리아가 여섯 살이던 1903년, 라이트 형제가 세계 최초로 동력을 이용한 비행에 성공했어요.

곧 박람회와 축제마다 비행기들이 최고로 인기를 누렸어요. 어밀리아는 1908년에 아이오와주 박람회에서 처음으로 비행기를 봤지만, 느낌이 그저 그랬답니다.

"비행기는 그저 녹슨 철사와 나무로 이루어진 물건으로 보일 뿐, 전혀 매력이 없었다."

그렇다면 어밀리아는 무엇을 좋아했을까요?

1900년대 초에 남자아이들은 모험심이 강해야 하고, 활동적인 직업을 골라야 한다는 기대를 받았어요. 여자아이들은 바느질과 음악, 예의 바른 행동을 익혀야 하며, 결혼을 해서 자녀를 돌보는 게 당연한 분위기였고요. 어밀리아는 그 길을 가지 않겠다고 마음먹었어요.

어밀리아는 다른 길을 걷고 있는 여성들에 대한 기사를 모았어요.

어밀리아가 10대 때 집안은 점점 힘들어졌어요. 어밀리아의 아버지는 직장을 잃고 알코올 의존자*가 되었어요. 부모님은 따로 살다가 결국 나중에 이혼을 했지요. 그래도 어밀리아는 아버지를 사랑했지만, 때로는 자신이 보호자이고 아버지가 아이인 것 같다고 느꼈어요.

어밀리아는 모험으로 가득한 진짜 삶이 시작될 날을 꿈꾸었어요. 하지만 자신이 무엇을 하고 싶은지 모른다는 점이 문제였지요.

어느 날, 어밀리아는 제1차 세계 대전에 참전했다가 부상을 입은 군인들과 마주쳤어요.

> "나는 처음으로 세계 대전의 실체를 깨달았다. 나는…… 팔다리가 없는 사람들과 신체가 마비*된 사람들, 눈이 먼 사람들을 보았다."

어밀리아는 그들을 돕겠다고 결심했어요. 그리고 캐나다 토론토로 가서, 전쟁이 끝날 때까지 간호사로 일하며 자원봉사를 했어요.

어밀리아는 일주일에 엿새 동안 마룻바닥을 닦고, 환자들을 위해
의약품을 나누어 주고, 식사를 돕고, 경련이 난 부위를 주물러 주었으며,
함께 놀이를 즐겼어요.

토론토에서 어밀리아가 여동생과 비행장*을 찾았을 때였어요.
곡예비행 조종사가 장난삼아 비행기를 몰아 두 소녀를 향해
추락하듯 내려왔지만, 어밀리아는 겁먹지 않았어요.
오히려 비행기에 사로잡혀 버렸지요!

"그때는 잘 몰랐지만,
그 작은 비행기가 내 옆을
휙 지나갈 때 나에게 무엇인가
말했던 것 같다."

전쟁이 끝난 뒤에도 어밀리아는 여전히 진로를 정하지 못한 상태였어요. 어밀리아는 의사가 되기 위해 공부를 시작했지만, 가정 형편이 좋지 않아 곧 그만둬야 했어요. 어밀리아는 지역에서 열리는 에어쇼를 구경하러 갔다가 드디어 궁금해하던 비행기를 타 보았답니다!

로스앤젤레스 위를 날았던 10분은 어밀리아가 경험한 가장 신나는 시간이었어요! 어밀리아는 꼭 비행사가 되겠다고 마음먹었어요.

하지만 문제가 있었어요…….

1분 타기 = 1달러
한 시간 타기 = 60달러
마흔 시간 타기 = 2,400달러!

일자리를 구해야 했던 어밀리아는 아버지의 사무실에서 일을 시작했고,
이에 더해 전화국에서 우편물을 분류하는 일도 했어요.

곧 비행 교육을 받을 준비가 된 어밀리아는 여성 비행사에게 교육을 받고 싶어 했어요. 어밀리아는 항공 분야 개척자*인 네타 스눅에게 교육을 부탁했고, 둘은 매우 친한 친구가 되었답니다.

어밀리아는 스스로 지형을 보며 항공기를 조종하는
'시계 비행*' 대신 항공 계기에 의존해 비행하는 쪽을 선호했어요.
하늘을 날 때가 제일 행복했지요.

어밀리아는 교육비, 연료비, 자신의 비행기를
사기 위한 돈을 모으려고 더욱 많은 일을 했어요.
트럭 운전사, 사진사, 타이피스트*와
소시지 판매원으로 일하면서
비행 교육을 열심히 받았답니다.

여섯 달이 지나자 어밀리아는 반짝이는 노란색
복엽 비행기*를 살 만큼 돈을 모았어요.

카나리아(어밀리아가 붙인 별명)
키너 에어스터(비행기 기종)

어밀리아는 처음으로 추락을 경험하기도 했어요!
비행기 추락은 그 당시에 꽤 흔한 일이었어요.
비행은 위험했고, 엔진은 가끔 멈추었으며,
나무로 된 비행기는 툭하면 부서졌어요.

여기저기 부딪쳐 멍이 들고 혹도 났지만,
그 모두가 어밀리아에게는 즐거운
경험이었어요.

1921년에 어밀리아는 전미 비행가 협회의 비행 면허증 시험을 통과했어요. 2년 뒤에는 국제 조종사 자격증을 땄지요.

어밀리아는 이 자격증을 딴 열여섯 번째 여성이었어요!

이제 어밀리아는 비행 경주에 참가할 수 있었어요. 그러나 여성들은 남성들의 경주에 참가할 수 없었고, 어밀리아는 그 점이 아주 불공평하다고 생각했답니다.

자격증 No. 6017

1897년 7월 24일 출생한 어밀리아 M. 에어하트가 항공* 조종사가 되는 데 필요한 모든 조건을 충족했음을 증명함.

1923년 5월 15일

어밀리아는 그 당시 어느 여성 조종사보다도 더 높이 날았어요. 14,000피트까지 말이에요!

어밀리아는 어머니와 여동생과 함께 보스턴으로 이사했어요.
어밀리아는 비행을 계속했지만, 연료가 너무 비쌌기 때문에 더욱 열심히 일을 해야 했지요.

사람들을 돕는 게 즐거웠던 어밀리아는 사회 복지사*가 되었어요.
어밀리아는 미국으로 이민을 온 시리아인과 중국인 가족들에게
영어를 가르쳤고, 그들이 정착할 수 있게 도왔어요. 또한 아이들을 위해
게임을 만들었고, 함께 소풍을 가기도 했답니다.

어밀리아는 다른 여성들에게 비행기를 타고 조종법을 배워 보라며
용기를 주기도 했어요.

그러던 어느 날, 어밀리아의 삶을 바꿀 전화가 걸려 왔어요.

어밀리아는 믿을 수가 없어 자신을 꼬집어 보았어요.
유명한 출판인이었던 조지 퍼트넘이 대서양 횡단 비행을 할 만큼
용감한 여성을 찾고 있었던 거예요.

당시에 비행기들은 여전히 작고 불안정했기 때문에, 그 비행은
힘들고 위험할 수밖에 없었어요.

" 나는 거절할 수 없었다.
내 삶과 삶에서 일어나는 모든 일을
사랑하기에, 비행을 하고 싶었다.
나는 나에게 주어지는 모든 기회와
모험을 바라고 있다. "

1928년 6월 17일, 어밀리아는 우정호의 한 귀퉁이에 끼어 있었어요. 폭발 위험이 있는 연료 탱크 두 개 사이에 말이에요! 그 비행기는 윌머 스털츠와 부조종사 루이스 고든이 몰았고, 어밀리아는 창밖을 바라보거나 비행 일지를 쓰는 것밖에는 할 일이 없었어요.

> 4,000피트.
> 3톤이 넘는 우리가 하늘을 질주하고 있다. 우리는 지금 폭풍우 속에 들어와 있다. 3톤 무게의 비행기가 상당히 흔들린다.

> 10,000피트 높이의 구름 위는 얼어붙을 정도로 춥다. 창문에 맺힌 물방울이 떨어지고 있다. 엔진은 마치 금방 멈춰 버릴 듯이 소리를 낸다.

비행기가 이륙하고 스무 시간이 흐른 뒤,
바다에 떠 있는 배들이 보이자 모두가 안심했어요.
그리고 드디어…… 착륙할 수 있었어요!

이들은 1928년 6월 18일에 착륙했어요.
아일랜드를 목표로 비행했지만,
실제로 착륙한 곳은 영국 남웨일스의
버리 포트였지요!

이들은 런던으로 날아가 환호하는 군중들을 만났어요.

하룻밤 사이에 어밀리아는 슈퍼스타가 되었어요!
그러자 어밀리아에게 이런 일들이 벌어졌어요.

♥ 신나는 제안들
♥ 책 출간
♥ 전 세계의 강연 초대
♥ 제품 홍보
♥ 파티 초대
♥ 공짜로 받는 물건들
♥ 돈(어밀리아는 가족을 부양하는 데 썼어요.)

조지 퍼트넘은 어밀리아가 모든 기회를 활용할 수 있도록 도와주었어요. 어밀리아는 심지어 패션 잡지 〈코즈모폴리턴〉에도 글을 쓰기 시작했어요. 또한 강연과 기사를 통해 여성들에게 비행의 즐거움과 안전함에 대해 이야기했어요.

어밀리아는 또한 남성들처럼 여성들도 신나는 모험을 즐길 수 있다는 걸 보여 주고 싶었어요. 여성들도 자신의 꿈을 향해 나아갈 수 있다는 사실을 말이에요.

조지는 어밀리아가 모든 신문의 1면에 계속 실릴 수 있도록 새로운 도전들을 생각해 냈어요. 여성 조종사 비행 경주도 그중 하나였지요. 태평양에서 대서양까지, 즉 캘리포니아주에서 오하이오주까지 미국을 가로지르는 비행 경주에 여성 조종사 스무 명이 참가했어요.

클레어 페이의 비행기는 날개 죔쇠가 부러졌어요.

마거릿 페리는 장티푸스*에 걸렸어요.

테아 라셰는 연료 탱크에서 모래가 발견됐지만, 다행히 완주했어요.

마블 크로슨은 비행기가 땅으로 추락해 사망했어요.

마리 폰마흐는 9위로 들어왔어요.

보비 트라우트는 완주했지만, 들어온 시간이 측정되지 않았어요.

블란체 노이스의 비행기에서는
불이 났어요. 그 때문에 일단 착륙해서
사막 모래로 불을 끈 뒤, 다시 날아올라
4위로 들어왔지요!

글래디스 오도널은
2위로 들어왔어요.

어밀리아는 산등성이에
부딪치는 바람에 비행기가 홱
뒤집혔어요. 다행히 곧 제 위치로
돌리고 3위로 들어왔어요.

루이즈 서든이
1위를 차지했어요!

루스 엘더는 경주 도중에
소 목장에 착륙했지만,
5위로 들어왔어요.

…… 하지만 열다섯 명만 완주에 성공했어요.

어밀리아는 조지 퍼트넘과 결혼한 뒤에도 안주하지 않았어요.
이들은 더욱더 야심찬 계획들을 세웠어요!

비행 경주를 마치고 며칠 뒤, 어밀리아는 여성 조종사들과 함께 모였어요.
이들은 최초의 여성 비행사 단체를 만들기로 결정했어요.

참가자는 모두 아흔아홉 명이었어요. 그래서 단체 이름을 참가한 사람 수대로 '나인티나인스'라고 정했답니다.

어밀리아는 대서양을 단독으로 횡단한 최초의 여성이 되고 싶었어요.

세상 사람들은 어밀리아가 제정신이 아니라고 생각했어요. 바로 그 꿈을 향해 도전했다가 목숨을 잃은 여성들이 벌써 일곱 명이나 되었거든요.

그러나 어밀리아는 자신이 그저 비행기에 탄 승객만은 아니라는 사실을 자기 자신은 물론 온 세상에 증명하고 싶었어요.

1932년 5월 20일, 어밀리아는 저녁노을 속으로 날아올랐어요.

비행은 쉽지 않았어요.

어밀리아는 비행기의 위치를 알려 주는 계기판에 의존해 비행하는
'계기 비행*'을 연습했어요. 그러나 이륙하고 네 시간이 지난 뒤,
고도계*가 고장 나고 말았지요.

짙은 안개와 구름 속에서, 어밀리아는 자신이 얼마나 높이 올라와 있는지
알 방법이 없었어요. 그러다가 비행기가 무시무시한 폭풍 속으로
들어갔어요. 한 시간 동안 비바람과 번개가 비행기를 거세게 때렸어요.
하지만 어밀리아는 계속해서 비행하기로 결정했지요.

어느 순간 너무 높이 올라가는 바람에, 비행기에 얼음이 얼어붙었어요.
비행기는 곤두박질해 바다를 향해 3,000피트나 떨어졌어요.

어밀리아는 비행기를 제어하기 위해 안간힘을 썼어요. 다행히 바닷물에 닿기 직전, 비행기는 다시 날아올랐답니다.

홀로 열다섯 시간 동안 비행한 뒤, 육지를 발견한 어밀리아는 무척 기뻤어요. 그리고 소 떼가 있는 들판에 비행기를 착륙시켰어요.

어밀리아가 해낸 거예요! 어밀리아는 열다섯 시간 18분 만에 2,026마일을 비행했어요!

어밀리아는 여러 업적을 이루었어요.

♥ 대서양을 단독 비행한 두 번째 조종사(여성으로는 최초!)가 되었어요.
♥ 새로운 횡단 속도 기록을 세웠어요.
♥ 멈추지 않고 가장 긴 비행을 한 여성이 되었어요.

쉴 시간은 없었어요. 어밀리아는 파리와 런던과 로마를 방문하며 온갖 명예를 얻고 상을 받았어요.

어밀리아는 조종사이거나 조종사가 아닌 모든
여성들을 대신해서 상을 받았어요. 그리고
인터뷰와 연설과 강연을 통해 여성이 남성과
동등한 존재라는 점을 알렸어요.

어밀리아는 엘리너 루스벨트 영부인
다음으로 유명한 미국 여성이었고,
두 사람은 좋은 친구가 되었어요.
어밀리아는 패션 브랜드를 만들었고,
퍼듀 대학교에서 일하며 여성들에게
공학자*와 과학자, 의사,
경영 지도자가 되라고
격려하기도 했어요.

어밀리아는 모든 여성들이
큰 꿈을 품기를 바랐어요.

그 뒤, 하와이에서 캘리포니아까지 열여덟 시간 동안 비행한 어밀리아는 태평양을 횡단한 최초의 조종사가 되었어요. 어밀리아는 태평양 위를 날며 비행 일지를 적었어요.

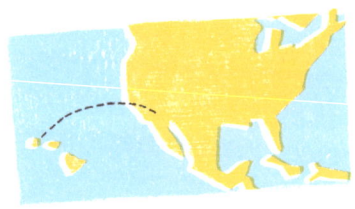

하늘에서

태평양 위에서 만난 밤은 별로 가득했다.
마치 바다에서 떠오른 것 같은 별들은 조종석 창문
가까이에서 손에 잡힐 듯 반짝였고, 몇 시간 뒤에
새벽빛 속으로 아스라이 사라졌다.

이륙

나는 비상사태에 대비해 손수건을 준비한
여자들을 보았다. 곁눈질로 저 아래 들판에
서 있는 소방차 세 대와 구급차도 보았다.
'X' 자로 표시된 곳에서 틀림없이
사고가 일어났을 것이다.

음식

내가 무엇을 먹었더라? 기본 식사는 생토마토 주스,
완숙 달걀 하나, 그리고 내가 먹어 본 것 중
가장 인상적인 핫초코 한 잔이다.

착륙

이번에는 착륙하고 나서 내가 누구인지 설명할 필요가 없었다.
수천 명이 내 비행기를 맞이하려고 기다리고 있었다.
내가 조종석 문을 여는 순간,
수많은 카메라 셔터들이 찰칵거렸다.

1937년이 되자 어밀리아가 깰 기록은 거의 없었어요!

이제 커다란 도전 하나만이 남아 있었어요.
그 누구도 시도조차 하지 못했던
일이었지요…….

그건 바로 가장 긴
지구를 한 바퀴

조종사, 정비사*와 항법사* 들은 어밀리아와 조지가 30,000마일이 넘는 지그재그 모양의 경로를 계획할 수 있도록 도와주었어요.

퍼듀 대학교에서는 4,500마일을 쉬지 않고 날 수 있는
굉장히 멋진 금속 비행기를 살 수 있도록 도와주었어요.
루스벨트 대통령까지도 도움을 주었지요!

어밀리아는 1937년 5월 21일,
캘리포니아에서 이륙해 동쪽으로 갔어요.
40일 뒤, 어밀리아는 스무 번 이상 쉬면서
거의 22,000마일을 날았답니다.

이제 어밀리아는 뉴기니섬부터
캘리포니아까지 이르는 태평양을 건너야
했어요. 중간에 연료를 공급받기 위해
하울랜드섬에 잠깐 들러야 할 정도로
엄청나게 먼 거리였지요. 어밀리아는
항법사인 프레드 누난과 함께 비행했어요.
프레드는 어밀리아가 세계에서 가장 큰
대양의 한가운데에 있는 작은 섬을 찾을 수
있도록 돕는 일을 맡았답니다.

어밀리아와 프레드는 1937년 7월 2일에
뉴기니섬에서 이륙했어요. 그리고 하울랜드섬까지
2,556마일을 나는 데 약 스무 시간이 걸렸어요.

미국 해안 경비대의 보트, 아이태스카호는 무선으로 어밀리아를 안내하기 위해 하울랜드섬 근처에서 기다리고 있었어요. 그러나 아이태스카호와 어밀리아 사이에 교신은 제대로 이루어지지 않았어요……

GMT(그리니치 표준시)

17:45   약 200마일 밖. 대략 신호가 잡힌다.

18:15   계속 교신 유지 바람. 약 100마일쯤에서 마이크로폰으로 신호하겠으니 30분 뒤에 응답 바람.

19:12   여기는 KAHQQ, 아이태스카 응답하라. 아이태스카 위쪽에 위치했으나 보이지 않는다. 연료가 떨어지고 있으며 무선 교신도 되지 않는다. 현재 고도* 1,000피트에서 비행 중.

19:29   선회* 중이나 신호가 들리지 않는다. 7,500 주파수를 유지하거나 30분 뒤 스케줄대로 변경하겠다.

19:30   여기는 KAHQQ, 아이태스카 응답하라. 신호를 받았지만 매우 약해서 확인이 어렵다. 계속 교신 유지하고, 3,105 주파수에서 음성으로 응답하라.

20:14   현재 157-337 좌표에 위치하고 있다. 이 메시지를 주파수 6,210kcs로 반복하겠다. 잠깐, 6,210kcs로 듣는 중. 현재 우리는 남북으로 날고 있다.

그리고…… 침묵뿐이었어요.

어밀리아의 실종 소식은 전 세계 신문의 1면에 실렸어요.

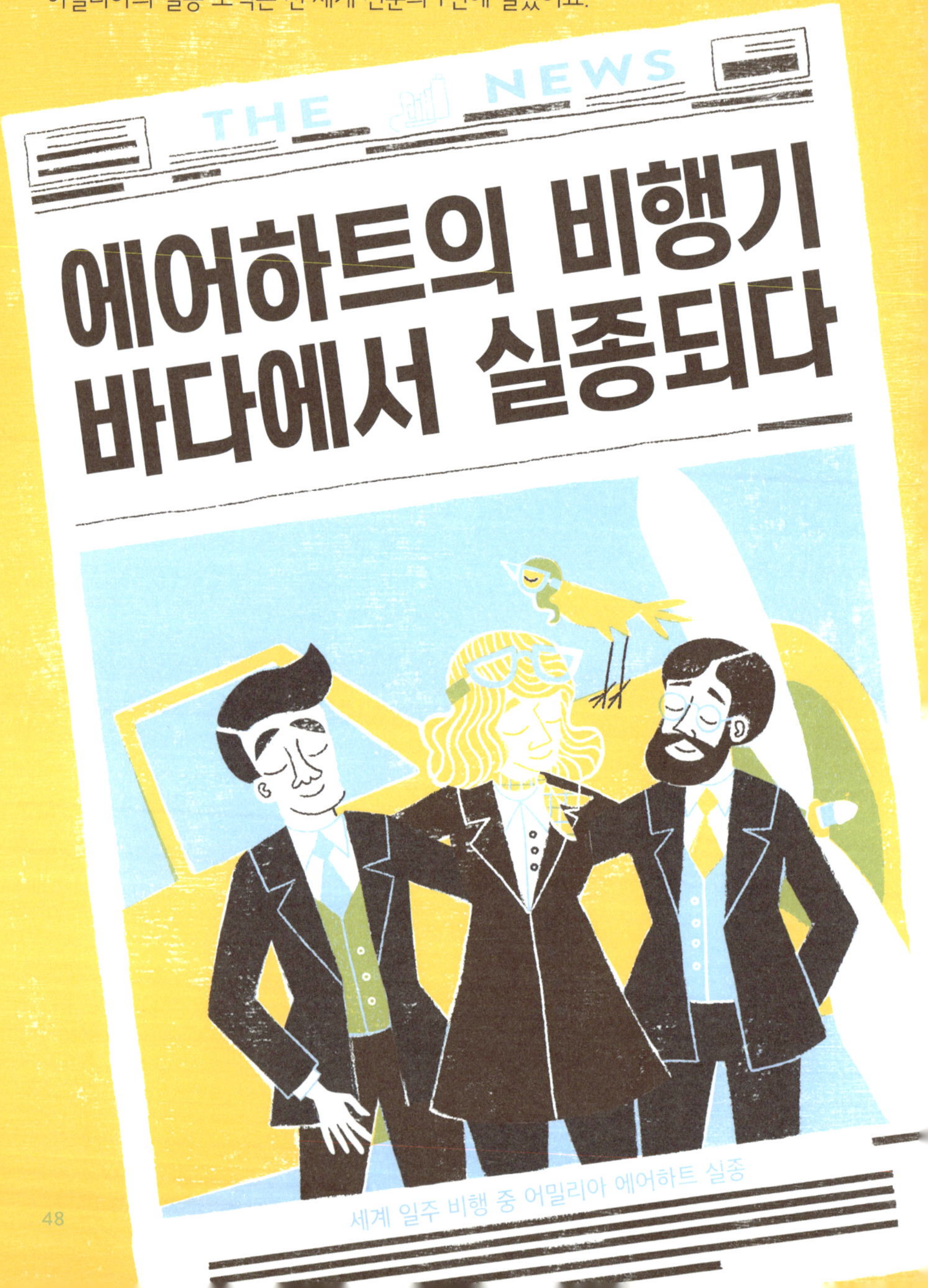
THE NEWS
에어하트의 비행기 바다에서 실종되다
세계 일주 비행 중 어밀리아 에어하트 실종

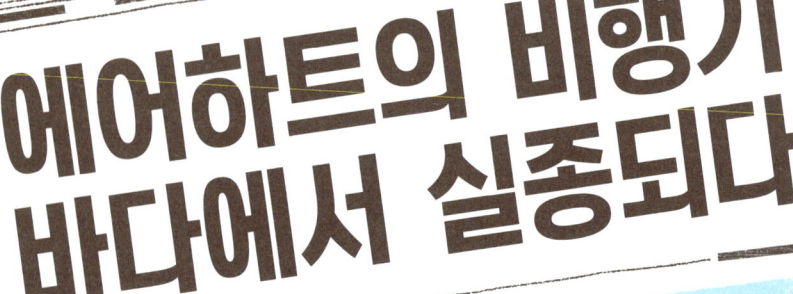

아이태스카호는 17일 동안 어밀리아의 비행기를 찾아다녔어요.
미국, 영국, 일본의 배들과 비행기 60대와 4,000명이 넘는 사람들이
수색에 나섰지요.

모두 힘을 모아 25만 제곱마일이 넘는 대양과 수십 개의 작은 섬을
샅샅이 뒤졌어요. 조지 퍼트넘은 10월까지 수색을 계속했지요.
그러나 어밀리아, 프레드와 그들의 비행기를 찾을 수는 없었어요.

어밀리아에게 무슨 일이 일어났던 것일까요?

어밀리아가 사라진 뒤, 많은 의견이 쏟아졌어요. 이런 이야기들이었지요······.

작은 섬이 구름 아래 숨어 버려서, 그 섬을 발견할 수 없었다.

비행기가 추락해서 가라앉아 바로 사망했다.

연료가 떨어져서 상어가 득실거리는 대양에 착륙했다.

부카섬의 해안 근처에 추락했다(어떤 이들은 어밀리아가 사라진 뒤 닷새 동안 어밀리아가 보내는 무선 메시지를 들었다고 주장함).

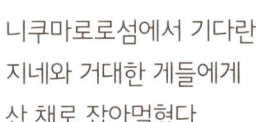

니쿠마로로섬에서 기다란 지네와 거대한 게들에게 산 채로 잡아먹혔다.

고의로 '실종'당했다. 사실은 어밀리아가 미 해군을 위해 태평양 해도*를 만드는 스파이 활동 중이었기 때문이다.

가짜로 죽은 척한 뒤, 신분을 바꾸고 '아이린 보럼'이라는 가정주부로 70대 후반까지 살았다.

실수로 마셜 군도*에 착륙한 뒤, 일본군의 포로가 되어 사이판섬의 감옥으로 끌려가 그곳에서 이질*에 걸려 죽었다.

1939년 1월, 법적으로 어밀리아의 사망이 선언되었어요.

사망했을 당시에 어밀리아는 세계적으로 유명한 여성 가운데 한 명이었고, 80년이 더 지난 뒤에도 여전히 유명하답니다.

새로운 기술이 나오면서 잠수정*과 수중 음파 탐지기*로 하울랜드섬 근처 대양의 거대한 지역을 수색할 수 있게 되었어요. 그러나 어밀리아의 비행기는 흔적조차 없었지요.

때때로 실마리가 발견되기도 해요. 키 큰 여성의 뼈라든지, 동체*의 금속 파편, 또는 어밀리아와 프레드를 봤다고 생각하는 사람들의 이야기 같은 것들 말이에요.

그러나 확실한 것은 아무것도 없답니다.

어밀리아는 대담하고 단호했어요. 또한 여자아이들과 여성들은 원하는 무엇이든 될 수 있고, 하고자 하는 것이 무엇이든 할 수 있다는 사실을 증명하려고 열심히 노력했어요.

신비에 싸인 실종만이 아니라, 놀랍고 감동적인 삶 때문에 어밀리아는 여전히 사람들의 마음속에 남아 있답니다.

❝ 이것은 해야 하고, 저것은 하면 안 된다는 식의 생각은 나에게 중요하지 않았다. 어렸을 때 나는 절벽에 있는 무시무시한 동굴을 탐험했고, 덫을 만들어서 닭을 잡기도 했다. 나는 내 또래의 남자애들이 감히 넘으려고 시도하지도 못하던 울타리를 뛰어넘었다. 그리고 인생은 너무 짧아서 재미있고 신나는 일들을 누릴 시간이 빠듯하다는 사실을 알고 있었다. ❞

어밀리아가 항공 분야에서 이룬 업적들을 살펴볼까요?

고도 비행 여성 신기록을 세운 인물
(14,000피트)

승객으로 비행기에 타서
대서양을 횡단 비행한
최초의 여성

거리 3km 이상
세계 비행 속도 여성 신기록을
세운 인물
(시속 181.18마일)

거리 100km 이상
세계 비행 속도 여성 신기록을
세운 인물
(시속 174.897마일)

오토자이로*로
최고 고도 기록을
세운 인물
(18,451피트)

오토자이로로 미국을
단독으로 왕복 비행한
최초의 인물

하와이에서
캘리포니아까지
태평양을 가로질러 단독
비행한 최초의 인물

미국을 단독으로
왕복 비행한 최초의 여성

여성들의 롤 모델

나인티나인스
초대 회장

승객들이 미국 최초의
상업 항공사에 관심을
갖도록 도운 인물

《스무 시간 40분》,
《비행의 즐거움》 등
책 두 권의 저자

대서양을 두 번
횡단 비행한 최초의
인물

대서양을
단독으로 횡단 비행한
최초의 여성

멕시코시티에서
로스앤젤레스까지 단독으로
비행한 최초의 인물

논스톱 대륙 횡단
비행 여성 신기록을
세운 인물

연대표

1897
7월 24일, 미국 캔자스주의 애치슨에서 태어났어요. 애칭은 '밀리'였어요.

1899
여동생 그레이스 뮤리엘 에어하트가 태어났어요. 여동생의 애칭은 '피지'였답니다.

1903
라이트 형제가 세계 최초로 동력 비행을 해냈어요.

1917
캐나다 토론토로 이사했어요. 제1차 세계 대전이 벌어지는 동안 병원에서 간호사로 자원봉사를 했어요.

1919
미국 매사추세츠주의 노샘프턴으로 이사해서, 의사가 되기 위해 공부를 시작했어요.

1920
대학교를 그만두고 캘리포니아로 갔어요. 프랭크 호크스의 비행기로 첫 비행을 경험한 뒤, 비행 교육을 받기로 결심했지요.

1925
매사추세츠주 보스턴에서 사회 복지사로 일했어요.

1928
6월, 승객으로서 대서양을 횡단 비행한 최초의 여성이 되었어요.

1929
하룻밤 새 유명해지자 많은 제안과 초대를 받았어요. 캘리포니아에서 오하이오까지 비행하는 여성 조종사 비행 경주에서 3등을 했어요.

1935
태평양을 단독으로 횡단 비행한 최초의 여성이 되었어요. 미국의 뛰어난 여성 비행사라는 명성을 얻었지요.

1935
퍼듀 대학교에서 일을 시작했어요. 비행기를 사서 세계 일주 비행을 할 수 있도록 퍼듀 대학교에서 금전적으로 지원해 주었어요.

1937
6월에 플로리다에서 출발하는 세계 일주 비행을 시작했어요. 7월 2일, 프레드와 하울랜드섬 근처에서 실종됐어요. 미국 해안 경비대가 17일 동안 어밀리아의 비행기를 수색했지요.

1908
아이오와주 박람회에서 처음으로 비행기를 봤어요.

1910
어머니와 가정 교사에게 가르침을 받으며 여동생과 집에서 공부했어요. 열두 살 때 시카고의 하이드 파크 고등학교에 다니기 시작했어요.

1916
열여덟 살에 하이드 파크 고등학교를 졸업했어요.

1921
네타 스눅에게 비행 교육을 받기 시작했어요. 첫 비행기 '키너 에어스터'를 사서 '카나리아'라는 애칭을 붙여 주었어요.

1922
14,000피트의 고도 기록으로 여성 비행 세계 신기록을 세웠어요.

1923
국제 조종사 면허증을 딴 열여섯 번째 여성이 되었어요.

1930
7월. 거리 3km 이상 시속 181.18마일로 세계 비행 속도 여성 신기록을 세웠어요. 10월에는 항공 운송 면허증을 땄어요.

1931
여성 조종사 연합 '나인티나인스'의 초대 회장으로 뽑혔어요. 조지 퍼트넘과 결혼했고, 조지는 어밀리아의 매니저가 되었어요.

1932
5월에 대서양을 단독으로 횡단 비행한 최초의 여성이 되었어요. 8월에는 논스톱으로 미국 횡단 비행을 한 최초의 여성이 되었고, 속도 신기록을 세웠어요. 또한 책을 출간했어요.

1939
1월에 법적으로 사망이 선언되었어요. 어밀리아의 실종은 아직 풀리지 않는 수수께끼로 남아 있답니다.

어밀리아 에어하트

용어 해설

계기 비행 어둠이나 안개로 앞이 잘 보이지 않는 항로를 계기에 의존해서 비행하는 일. '맹목 비행'이라고도 하며, 오늘날에는 어떤 도움이나 지시 없이 새로운 일을 한다는 의미로 쓰이기도 해요.

고도 해수면이나 지표면을 0으로 해서 측정한 대상 물체까지의 높이.

고도계 고도를 측정하기 위해 비행기에서 조종사들이 사용하는 도구.

공학자 구조와 재료, 시스템을 디자인하고 건설하고 실험하는 일을 하는 사람.

군도 무리를 이루고 있는 크고 작은 섬들.

동체 항공기의 날개와 꼬리를 제외한 중심 부분.

마비 신경이나 근육이 형태의 변화 없이 기능을 잃어버리는 일. 감각이 없어지고 힘을 제대로 쓰지 못해요.

복엽 비행기 동체의 아래위로 두 개의 주 날개가 있는 초창기의 비행기.

비행사 일정한 자격을 지니고 면허를 받아서 항공기를 조종하는 사람.

비행장 비행기가 뜨고 내리고 머물 수 있도록 여러 가지 시설을 갖추어 놓은 곳.

사회 복지사 개인과 가족, 단체, 공동체가 행복하게 살 수 있도록 돕는 데 전문 지식과 기술을 가진 사람.

선회 항공기가 곡선을 그리듯 진로를 바꿈.

수중 음파 탐지기 음파를 발생시킨 다음에 떨어져 있는 물체로부터 오는 반사파를 받거나, 물체가 발생시킨 수중 음파를 받아서 물체의 존재나 위치, 성질을 알아내는 장치.

시계 비행 조종사가 계기에 많이 의존하지 않고, 스스로 지형을 보며 항공기를 조종하는 비행 방식.

알코올 의존자 술을 긴 기간에 걸쳐 습관적으로 마시는 동안 끊을 수 없게 된 사람.

오토자이로 헬리콥터와 비슷한 비행기의 하나. 1922년에 에스파냐의 시에르바가 발명했어요.

이질 변에 곱이 섞여 나오며 뒤가 잦은 증상을 보이는 전염병.

잠수정 잠수해서 바닷속을 탐사하는 배.

장티푸스 티푸스균이 창자에 들어가 일으키는 급성 전염병. 발열, 설사, 창자 출혈 등등의 증상이 나타나요.

정비사 기계나 설비가 제대로 작동하도록 보살피고 손질하는 일을 하는 기술자.

정치가 나라나 지역의 운영, 또는 이 운영에 영향을 미치는 활동을 하는 사람.

타이피스트 타자기나 문서 작성 도구의 글쇠를 눌러 글자를 찍는 일을 직업으로 하는 사람.

비행 비행기로 공중을 날아다님.

항공 분야 개척자 의미 있는 '최초'의 비행 기록을 세운 사람들을 비롯해서 직접적, 간접적으로 항공 분야의 발전을 이끈 사람.

항법사 항공기의 위치나 항공기가 나아갈 방향을 측정하고, 관련 자료를 계산하는 사람.

해도 바다의 상태를 자세히 적어 넣은 항해용 지도.

횡단 대륙이나 대양 등을 동서 방향으로 가로 건넘.

찾아보기

간호사 12, 60
계기 비행 34, 62
기록 38, 42, 58, 59, 61, 63
나인티나인스 32, 59, 61
네타 스눅 17, 61
뉴기니섬 44, 45
대서양 23, 24, 27, 30, 33, 38, 58, 59, 60, 61
라이트 형제 8, 60
런던 27, 38
루이스 고든 25
보스턴 22, 60
비행기 8, 14, 15, 18, 19, 22, 24, 25, 26, 30, 31, 33, 34, 36, 41, 45, 48, 50, 52, 54, 58, 60, 61, 62, 63
비행사(조종사) 5, 14, 15, 17, 20, 21, 25, 30, 32, 38, 39, 40, 44, 60, 61, 62
사회 복지사 22, 60, 62
(어밀리아의)실종 5, 48-56, 60-61
아이태스카호 46, 50
아일랜드 26, 37
여성 조종사 비행 경주 30-31, 60
우정호 25, 29
웨일스 26
윌머 스털츠 25, 27
제1차 세계 대전 12, 60
조지 퍼트넘 24, 28, 30, 32, 44, 50, 61
카나리아 18, 61
캘리포니아 15, 30, 40, 44, 45, 58, 60
태평양 5, 30, 40, 44, 45, 49, 53, 58, 60
토론토 12, 14, 60
프레드 누난 45, 50, 55, 60
하울랜드섬 44, 45, 46, 49, 54, 60

출처

61쪽 어밀리아 에어하트 사진: 미국 의회 도서관

일러두기

국내에서는 일반적으로 '아멜리아 에어하트'라고 표기하고 있으나,
이 책에서는 국립국어원의 외래어 표기법에 따라 '어밀리아 에어하트'로 표기합니다.